IL LADRO DI SCARPE

Enrico Lovato

con illustrazioni di Giampiero Wallnofer

Letture Italiano Facile

direzione editoriale: Massimo Naddeo
redazione: Chiara Sandri
progetto grafico e copertina: Lucia Cesarone
impaginazione: Gabriel de Banos
illustrazioni: Giampiero Wallnofer

© 2015 ALMA Edizioni
Printed in Italy
ISBN 978-88-6182-369-3
prima edizione: marzo 2015

ALMA Edizioni
viale dei Cadorna 44
50129 Firenze
tel. +39 055 476644
fax +39 055 473531
alma@almaedizioni.it
www.almaedizioni.it

audio on line su
www.almaedizioni.it/italiano-facile

INDICE

PERSONAGGI

Commissario
Mario Tentenna

Laura Conti

Lorenzo Prati

Ugo Tacchi

Romolo Ghini

Alice Sarpi

Capitolo 1

È una bella mattina d'estate a Firenze. In questa stagione la città toscana è sempre piena di turisti. Ma non tutti a Firenze sono in vacanza. C'è anche chi lavora.

Come tutti i giorni Mario Tentenna esce presto di casa. Tentenna è un Commissario di polizia. Ha cinquant'anni e qualche capello bianco. Gli piace vestirsi bene, con una bella giacca elegante e una cravatta. Ogni mattina, prima di andare in ufficio, esce con Dodo, il suo cane, e poi va al bar Guelfi a fare colazione.

– Buongiorno Commissario, come va? – domanda Gino, il barista.
– Tutto bene. Hai visto che bella giornata? – risponde il Commissario.
– Bellissima! Ideale per andare al mare. Cosa prende Commissario?
– Il solito... – dice il Commissario.

In quel momento, dalla porta del bar, si sente una voce di donna:

– Due cappuccini e due cornetti, per favore!

Tentenna si gira per vedere chi ha parlato. È Laura Conti, una vecchia amica che non vede da molto tempo.

– Ciao Laura, che sorpresa! Cosa fai a Firenze? – domanda.
– Ciao Mario, che piacere rivederti. Sono qui in vacanza per qualche giorno.

Mentre il barista prepara i cappuccini, Mario e Laura si siedono a un tavolo.

---

giacca   cravatta   cornetti

Laura è una bella donna. Ha i capelli neri e lunghi. Il Commissario è contento di vederla. Una volta erano molto amici. Ora Laura vive e lavora a Roma. Da quando ha cambiato città, Mario non ha più avuto sue notizie.

– È sempre bello tornare qui. Per me Firenze è la più bella città del mondo. – dice Laura – E tu cosa fai? Non sei in vacanza?
– Io non vado mai in vacanza. Sono Commissario di polizia e qui c'è sempre molto lavoro.
– Interessante! Sei un detective, allora!

Mentre il barista porta i cappuccini e i cornetti, il telefono del Commissario Tentenna suona.

– Pronto, Commissario? – dice la voce di un poliziotto. – Hanno appena chiamato da un negozio sul Ponte Vecchio. Probabilmente un furto!
– Ho capito, ma ora sto facendo colazione! È urgente? – domanda Tentenna.
– Il proprietario del negozio era molto preoccupato. – dice il poliziotto.
– Va bene, va bene! Come si chiama questo negozio?
– È il negozio di scarpe del signor Tacchi.

Al Commissario Tentenna non piace fare le cose in fretta. E poi c'è Laura: il Commissario vorrebbe bere con calma il cappuccino e parlare un po' con lei. Ma questa mattina non è possibile.

– Laura, scusami! Ora devo andare. Se ti va, possiamo vederci stasera per un aperitivo.
– Certo. Ci vediamo stasera alle sette qui al bar, va bene?
– Benissimo. Allora ci vediamo dopo. Buona giornata!

---

note ◄

furto • l'azione di rubare, prendere qualcosa di altri *Furto al museo: i ladri hanno rubato molti quadri preziosi.*
proprietario • padrone *Carlo è molto ricco: è proprietario di dieci appartamenti.*
preoccupato • nervoso, con molti pensieri *L'esame sembra molto difficile. Sono preoccupato!*
in fretta • velocemente, rapidamente *Dai, fai in fretta. Siamo in ritardo!*
aperitivo • cocktail *In questo bar fanno degli ottimi aperitivi!*

Tentenna esce dal bar Guelfi. È stato bello incontrare Laura. Mentre cammina verso il Ponte Vecchio, il Commissario ricorda il passato: Laura è sempre bellissima, come tanti anni fa. E lui? Come è diventato? È ancora un bell'uomo?

"Ma sì... ho solo cinquant'anni. – pensa Tentenna – Sono ancora giovane. La vita comincia adesso."

fai gli ESERCIZI
vai a pagina 48

Capitolo 2

Il Ponte Vecchio è uno dei monumenti più famosi di Firenze. Ci sono sempre molti turisti che guardano le vetrine dei negozi. Sul ponte infatti, ci sono molti negozi artigianali di gioielli , scarpe, orologi.
Uno dei negozi più importanti di Ponte Vecchio è quello del signor Tacchi. Tutti a Firenze lo conoscono. Le sue scarpe sono di alta qualità e anche molto care.
Questa mattina sulla porta del negozio c'è scritto "CHIUSO".
Tentenna arriva e apre la porta.

   – Buongiorno, sono il Commissario Tentenna.

Un uomo grasso e senza capelli lo invita ad entrare.

   – Avanti, avanti, prego Commissario... Piacere, Ugo Tacchi.

Tacchi è un uomo molto elegante. Porta un gilet e una cravatta marrone. Sembra molto preoccupato.

   – Cos'è successo? – domanda il Commissario.
   – C'è stato un furto. – risponde Tacchi.
   – E cosa hanno rubato?
   – Una scarpa.
   – Cosa? Solo una scarpa? Mi può spiegare meglio? – domanda Tentenna.

---

note ◄

vetrine

gioielli

artigianali • fatti a mano da un artigiano
Queste borse sono artigianali. Ogni borsa è diversa dalle altre perché sono fatte a mano.

hanno rubato (inf. rubare) • hanno portato via *I ladri hanno rubato molti soldi.*

– Questa mattina, appena ho aperto il negozio, è entrato un gruppo di turisti. Io ero molto contento e ho cominciato a mostrare alcuni modelli di scarpe.

– E quando si è accorto del furto?

– Non subito. I turisti sono rimasti circa mezz'ora nel negozio. Ma nessuno di loro ha comprato niente. Solo dopo che i turisti sono usciti ho visto che mancava una scarpa. Guardi questa scatola!

Il signor Tacchi mostra al Commissario una scatola di scarpe. Dentro c'è una scarpa destra e una piccola statua del David di Michelangelo, simbolo di Firenze.

– Cosa significa questa statua? Sembra un souvenir. – dice il Commissario – Forse un turista l'ha dimenticata!

– O forse è un messaggio. Qualcuno l'ha lasciata qui perché vuole dirmi qualcosa! – dice il signor Tacchi.

fai gli ESERCIZI
vai a pagina 49

vai a pagina 49

---

note ◄

mostrare • **far vedere** *Ti voglio mostrare le mie foto.*
si è accorto (inf. accorgersi) • ha notato, ha capito *Quando è andato a pagare si è accorto di non avere soldi.*

mancava (inf. mancare) • non era presente, era assente *Ieri ho controllato il frigo e ho visto che mancava il latte.*

scatola

Capitolo 3

Le parole del signor Tacchi sono strane. Ma perché rubare solo una scarpa e lasciare un souvenir nella scatola? Mentre ascolta il signor Tacchi, Tentenna osserva il negozio. È un negozio molto elegante. La vetrina ha poche scarpe, tutte artigianali. Sulle scarpe non ci sono i prezzi. Dentro il negozio c'è un grande tappeto con il giglio di Firenze, simbolo della città. Sul tappeto ci sono alcune sedie dove i clienti possono provare le scarpe.

– Perché dice che questa statuina è un messaggio? E chi è che vuole dirle qualcosa? – domanda Tentenna.
– Non lo so. Forse leggo troppi libri gialli. – risponde Tacchi.
– Ha dei nemici? – chiede il Commissario.
– Io non ho mai fatto male a nessuno.
– Bene, allora non deve preoccuparsi. Forse la statuina è di un turista, che l'ha semplicemente dimenticata mentre provava le scarpe.
– Io invece sono preoccupato. – continua Tacchi – Devo proteggere i miei clienti e i miei prodotti. Io vendo scarpe *Made in Italy* a prezzi molto alti. I miei clienti sono persone ricche, artisti famosi e turisti stranieri.

Tentenna prende in mano la statua del David di Michelangelo. È un souvenir da pochi euro. Poi prende la scarpa destra e la guarda:

– Bellissimo modello, un mocassino nero. Molto elegante e ben fatto!

▸ note

tappeto

giglio

gialli • libri polizieschi *Quale genere di libri preferisci? Mi piacciono i gialli di Agatha Christie e di Sherlock Holmes.*

nemici • il contrario di "amici" *Paolo è amato da tutti, non ha nemici.*
proteggere • difendere, aiutare *Hai messo la crema solare? Devi proteggere la pelle dal sole!*

mocassino

Il ladro ha davvero buon gusto. – dice Tentenna. Poi domanda:
– Signor Tacchi, Lei è un artigiano?
– No, io vendo le scarpe, ma non le produco. Io le compro dai migliori artigiani di Firenze e poi le vendo ai turisti.
– E le vende a un prezzo molto alto, immagino. Quanto costa questo paio di mocassini?
– Ottocento euro. Vede Commissario, queste scarpe sono delle vere opere d'arte. Per questo costano tanto.

Tentenna prende il suo bloc-notes e comincia a scrivere:

Il signor Ugo Tacchi dice che qualcuno ha rubato una scarpa sinistra nera, da uomo, numero 43, nel suo negozio di scarpe. Il furto è successo questa mattina, verso le ore 9. In quel momento nel negozio c'erano molti turisti. Il signor Tacchi non si è accorto subito del furto. Quando i turisti sono usciti dal negozio, il signor Tacchi ha visto che in una scatola mancava una scarpa e al suo posto c'era una statuina del David di Michelangelo. Qualcuno ha lasciato questa statuina nella scatola. Forse è stato un turista. Forse il ladro.

Mentre scrive, il Commissario vede che sul tappeto c'è qualcosa. È un piccolo pezzo di plastica nera.

– E questo cos'è? – domanda Tentenna.
– Non lo so. Non è un pezzo di una scarpa. Non è mio.
– Forse lo ha dimenticato il ladro. – dice Tentenna.

Il Commissario osserva il pezzo di plastica, poi lo mette nella tasca della sua giacca.

– Come faccio adesso a vendere una scarpa sola? – continua Tacchi.

---

note ◄

ha buon gusto (inf. avere buon gusto) • è raffinato, di stile *Maria ha buon gusto: sceglie sempre il vestito perfetto per ogni occasione.*

plastica • materiale sintetico *Non uso i bicchieri di vetro, preferisco i bicchieri di plastica perché non si rompono.*

tasca

Tentenna non crede alle sue orecchie. Tacchi è davvero uno strano personaggio. Vende scarpe a prezzi molto alti e si preoccupa per un mocassino rubato.

"Di sicuro Tacchi non ha detto tutta la verità." pensa Tentenna.

Al Commissario quest'uomo non piace. Però in tanti anni di lavoro Tentenna ha imparato che un poliziotto deve ascoltare e osservare, ma non deve giudicare le persone. Per questo dice:

– Capisco la sua preoccupazione, Signor Tacchi. La polizia farà tutto il possibile per trovare il ladro.

fai gli ESERCIZI
vai a pagina 50

▶ note

orecchie giudicare • dare la propria opinione, criticare - *Che ne pensi del comportamento di Laura? - Non la conosco e quindi non la posso giudicare.*

Capitolo 4

Tentenna esce dal negozio del Signor Tacchi e torna in ufficio. Fa caldo. Il Commissario apre le finestre. Nelle strade ci sono molti turisti che fotografano i monumenti, comprano souvenir, mangiano nei ristoranti. Americani, tedeschi, giapponesi, russi, cinesi... Tentenna pensa che forse è stato un turista a rubare la scarpa nel negozio di Tacchi.

"È solo una scarpa." pensa Tentenna "Tra qualche giorno nessuno si ricorderà più di questo piccolo furto."

In ufficio oggi non c'è molto lavoro: qualche mail, qualche telefonata, una riunione con gli altri poliziotti. Niente d'importante. Così, verso le sei e mezza, Tentenna esce per andare al bar Guelfi. Laura lo sta aspettando per l'aperitivo.

– Ciao Laura, sei arrivata in anticipo?
– Sì, sono stata a fare un po' di spese. Prendi qualcosa?
– Un bicchiere di vino bianco e delle bruschette. E tu?
– Sì, buona idea. Vino e bruschette anche per me. Ho comprato questo paio di scarpe. Ti piacciono?

Laura mostra a Mario le sue nuove scarpe. Sono rosse e con il tacco alto.

– Sono bellissime. Dove le hai comprate?
– In un negozio vicino al mercato di San Lorenzo. Per le scarpe io vado sempre lì. Costano un po' meno e sono di ottima qualità.
– Sai, questa mattina c'è stato un furto nel negozio del signor Tacchi, quello su Ponte Vecchio. Lo conosci?
– Certo, lo conoscono tutti qui a Firenze. Non compro mai in quel negozio. Vende scarpe artigianali e per questo i prezzi sono altissimi.

---

note ◂

in anticipo • prima di un appuntamento, il contrario di "in ritardo" *Fabio arriva sempre a lezione 10 minuti in anticipo.*

bruschette • pane caldo con olio e pomodori

tacco

– Un furto strano. Gli hanno rubato una sola scarpa. Il ladro ha lasciato una statuina del David. Tacchi è molto preoccupato.

– Preoccupato? E perchè? A me sembra solo il furto di un ladro un po' burlone. E poi per una scarpa non è mai morto nessuno. Non ti preoccupare. Facciamo un brindisi invece.

Il barista Gino arriva con i bicchieri di vino e le bruschette.

– Cin cin. Al tuo ritorno a Firenze. – dice Mario.

– Al nostro incontro dopo tanto tempo. – dice Laura.

Mario e Laura parlano a lungo. Hanno tante cose da raccontarsi. Laura sta bene a Roma. Ha un buon lavoro, una bella casa. Ma la sua ultima storia d'amore è appena finita. E così ora è in vacanza per dimenticare. Mario invece vive da solo in un piccolo appartamento vicino a Santa Maria Novella. Ha avuto alcune storie ma nessuna importante. Solo Dodo, il suo cane, non lo ha mai tradito. Mentre parla di Dodo, Mario pensa che è tardi e a casa il suo cane lo sta sicuramente aspettando. È ora di salutarsi.

– Allora ci sentiamo, ok? – domanda Laura.

– Certo. Chiamami quando vuoi. – risponde Mario.

Dal bar Guelfi Tentenna va verso Santa Maria Novella. Sono solo cinquecento metri, in pochi minuti arriva a casa. Dodo lo sta aspettando per uscire. In estate è bello stare fuori fino a tardi e a Mario piace camminare con il suo cane per le strade della città. Mentre cammina pensa a Laura. Ricorda che una volta lei gli ha dato un bacio. Ma poi Laura è andata a Roma e non si sono più visti per molti anni. E ora?

▶ note

burlone • allegro, spiritoso *Cesare è un vero burlone: fa sempre scherzi agli amici.*

non è mai morto nessuno • è poco importante, poco pericoloso *- Sto male, ho la febbre. - Non fare il drammatico, per un po' di febbre non è mai morto nessuno.*

brindisi • bere insieme, bere alla salute di qualcuno *Il 31 dicembre facciamo un brindisi per l'anno nuovo.*

ha tradito (inf. tradire) • è stato infedele *Luigi è un vero amico: nei momenti difficili mi è stato sempre vicino, non mi ha mai tradito.*

bacio

"Forse ora è arrivato il momento giusto." pensa Mario.
In quel momento Dodo abbaia. Il cane corre verso di lui, è contento. Ha qualcosa in bocca: è una vecchia scarpa nera.

fai gli ESERCIZI
vai a pagina 51

fai gli ESERCIZI
vai a pagina 51

---

note ◄

abbaia (inf. abbaiare) • il "parlare" del cane *Quando vede un gatto, il mio cane abbaia.*

Capitolo 5

traccia 5

 Sono le nove del mattino e il telefono del Commissario Tentenna sta suonando da qualche minuto. Tentenna si è appena svegliato. Fuori sta piovendo.

– Pronto, chi è?
– Buongiorno Commissario. Mi dispiace svegliarla, ma c'è stato un altro furto vicino al mercato di San Lorenzo. – dice il solito poliziotto.

A Tentenna non piace fare le cose di fretta, ma oggi è tardi. Si alza, si fa la doccia e si veste. Prima di uscire prende l'ombrello e saluta Dodo che sta giocando con la scarpa nera che ha trovato la sera prima.
"Che strano," pensa Tentenna "non ho mai visto tante scarpe come in questi giorni!"
Poi esce e cammina verso il bar Guelfi. Quando entra, Gino lo saluta come tutte le mattine.

– Buongiorno Commissario.
– Ciao Gino, oggi vado un po' di fretta. Prendo il solito, ma non mi siedo al tavolo.
– Va bene, Commissario. Cappuccino e cornetto subito pronti!

Tentenna beve il cappuccino velocemente ed esce dal bar mangiando il cornetto. Cammina verso il mercato di San Lorenzo. Attraversa piazza della Signoria, nel centro di Firenze, e da lì arriva nel quartiere di San Lorenzo, famoso per il suo mercato. In questa zona ci sono tantissimi negozi di prodotti artigianali, borse, scarpe, vestiti. Nelle vetrine si vedono cartelli che dicono *"Made in Italy"*. Oggi è giorno di mercato. Piove. C'è molta gente che cammina con gli ombrelli aperti. Ad un certo punto Tentenna sente che qualcuno lo chiama.

▸ note

doccia 　　　　　　cartelli

– Commissario, da questa parte! – grida una donna, davanti a un negozio.

Il negozio si chiama *Pelletteria Artigianale Fiorentina*. È un negozio come tanti, con molte scarpe in vetrina: scarpe da uomo, scarpe da donna, eleganti, sportive. Quando Tentenna entra, vede subito molte scatole per terra. Sono tutte aperte. Un vero caos.

– Ecco cosa succede quando uno lavora da solo. E ora cosa faccio? – si lamenta la donna.
– Ma cos'è successo, signora? – domanda Tentenna.
– Sarpi, mi chiamo Alice Sarpi. Ecco come mi hanno lasciato il negozio. Le persone entrano tutte insieme e poi non comprano. Non è facile lavorare così. – dice la signora Sarpi.
– Lei ha chiamato per un furto? Cos'hanno rubato?
– Non vede? Mi hanno rubato delle scarpe.
– Quante scarpe hanno rubato?
– Una scarpa sinistra. – dice la signora Sarpi.

 fai gli ESERCIZI
vai a pagina 52

---

note ◄

per terra • sul pavimento, sul terreno. *Mi dispiace ma la valigia è caduta e ora i vestiti sono tutti per terra.*
si lamenta (inf. lamentarsi) • mostra insoddisfazione e dispiacere - *Come si trova Mario nel nuovo ufficio? - Male. Si lamenta sempre del capo.*

traccia 6

Tentenna è sorpreso. Il ladro ha rubato una sola scarpa, come nel negozio del signor Tacchi. Ma la *Pelletteria Artigianale Fiorentina* sembra un negozio molto economico. Il Commissario ricorda le parole di Laura: lei compra sempre le scarpe vicino al mercato di San Lorenzo perché i prezzi sono più bassi.

– Mentre mettevo in ordine tutto questo caos, ho trovato una scatola con una sola scarpa. – dice la signora Sarpi.
– E questo cos'è? – domanda Tentenna.

Nella scatola, vicino alla scarpa c'è qualcosa.

– Sembra un souvenir. È una statuina della Torre di Pisa. – dice la signora Sarpi – Con tutto questo caos, qualcuno l'ha dimenticata.

Tentenna prende in mano la Torre di Pisa. È come quelle che comprano i turisti. Un souvenir senza molto valore. Si ricorda del souvenir che ha trovato il giorno prima nel negozio del signor Tacchi. Qualcuno ruba una scarpa e al suo posto lascia un souvenir.

– Come è successo il furto, signora Sarpi? Ha visto qualcuno? – domanda il Commissario.
– Come vede, sono da sola in negozio. Quando ho aperto, sono entrati alcuni turisti. Hanno chiesto di provare alcune scarpe artigianali. Io sono andata a prenderle in magazzino. Le ho portate in negozio e loro si sono seduti per provarle. Mentre mostravo i modelli artigianali, ho sentito qualcuno uscire e chiudere la porta del negozio. – spiega la signora Sarpi.
– È riuscita a vedere il ladro?
– No, Commissario. Io in quel momento non ho pensato a un ladro.

▶ note

magazzino • deposito *Abbiamo affittato un negozio molto grande. C'è anche un magazzino di 30 metri quadrati.*

Ma quando anche i turisti sono usciti, ho visto che mancava una scarpa. Allora ho capito.

Tentenna prende la scatola con la scarpa. È una scarpa destra, da uomo, fatta a mano. Mentre la guarda, Tentenna si ricorda della scarpa che ha trovato Dodo il giorno prima. Sembrano uguali. Allora comincia a scrivere sul suo bloc-notes:

Questa mattina alle 8.30 nel negozio della signora Alice Sarpi nuovo furto di scarpe. Qualcuno ha rubato una scarpa da uomo, nera, fatta a mano. Ha rubato solo la scarpa sinistra. Nella scatola il ladro ha lasciato la scarpa destra e un souvenir della Torre di Pisa.

– E ora cosa faccio, Commissario? La polizia mi deve aiutare. Non vede quanta gente entra ogni giorno? Possono rubare in ogni momento. – si lamenta la signora Sarpi.
– Non deve preoccuparsi. Faremo il possibile. – risponde il Commissario.

Nel negozio c'è ancora molto caos. Scatole aperte, scarpe per terra, impronte d'acqua vicino alla porta...

– Che numero è la scarpa rubata? – domanda il Commissario.
– Numero 43.

Tentenna allora prende la scarpa destra nella scatola e la mette sulle impronte che ci sono vicino alla porta. Sono uguali. Ma ci sono solo impronte di una scarpa sinistra, quelle della destra mancano. "Questa storia è sempre più strana." pensa Tentenna.

Il Commissario osserva ancora la scarpa. La signora Sarpi vende scarpe economiche, ma questa è fatta a mano e ha sicuramente un prezzo molto alto.

– Che tipo di scarpe vende, signora Sarpi? – domanda ancora Tentenna.

impronte

– Prima vendevo scarpe artigianali, ma adesso vendo solo scarpe economiche.

– E la scarpa che hanno rubato oggi, chi l'ha fatta?

– La scarpa che hanno rubato oggi è di un laboratorio artigianale di Firenze che non esiste più. In magazzino ho ancora alcune paia di scarpe lavorate a mano, ma costano troppo e nessuno le vuole. Quando hanno visto il prezzo, i turisti di oggi sono andati via senza comprare niente.

– Va bene signora Sarpi. È stata molto gentile. Questo è il mio numero di telefono. Se ha qualcosa di importante da dirmi, mi può chiamare. – dice il Commissario.

Tentenna sta per uscire dal negozio. Poi vede un ombrello vicino alla porta.

– Questo ombrello è suo? – domanda.

– No, forse uno dei turisti lo ha dimenticato. – risponde la signora Sarpi. – Anche se con questa pioggia è difficile dimenticare un ombrello.

– O forse chi lo ha dimenticato è dovuto uscire molto in fretta. – conclude Tentenna uscendo dal negozio.

 fai gli ESERCIZI
vai a pagina 54

—— note ◂

laboratorio • atelier, bottega dove si producono oggetti *Se vuoi comprare una borsa fatta a mano possiamo andare al laboratorio di Antonio, così puoi vedere direttamente come lavora.*

Capitolo 7

A Firenze non piove più. È uscito il sole e il mercato è pieno di gente. Tentenna cammina per le strade di San Lorenzo. Pensa a questi strani furti di scarpe. Un ladro che ruba una sola scarpa. Scarpe fatte a mano. " È quasi mezzogiorno. Forse è meglio mangiare." pensa Tentenna "Dopo pranzo avrò le idee più chiare."

Così decide di andare al bar Guelfi e di mangiare qualcosa dal suo amico Gino.

Quando arriva, Gino lo saluta, allegro come al solito.

– Buongiorno Commissario! Come va la giornata?
– Oggi la giornata non è iniziata con il piede giusto... – risponde Tentenna – C'è un ladro di scarpe che gira per Firenze! E ruba solo una scarpa.
– Con una scarpa non andrà molto lontano, allora! – dice Gino.

Tentenna si siede vicino a una finestra. Dal bar si vede la piazza della Signoria e il David di Michelangelo, uno dei simboli di Firenze.

– Posso avere una focaccia col prosciutto e un bicchiere di Chianti?
– Certo Commissario: le nostre focacce sono le migliori di Firenze!

In pochi minuti, Gino porta la focaccia e il vino al Commissario. In quel momento il telefono di Tentenna suona.

– Ciao Mario, come va? Hai trovato il ladro di scarpe?
– Ciao Laura, no, non ancora... ma so che porta il 43.
– Allora il ladro non sono io. Io sono come Cenerentola, ho il piede

---

▶ note

allegro • felice, contento	**focaccia** • tipico	**Cenerentola** • Cinderella
- Perché sei così allegro?	pane toscano,	
- Perché ho trovato un	simile alla pizza	
nuovo lavoro!		

traccia 7

piccolo... e sto aspettando il mio principe azzurro.
– Va bene, se prendo il ladro ti invito a cena.
– Mi sembra un'ottima idea!

Tentenna sorride. Sente di avere qualche possibilità con Laura,
anche se è passato molto tempo. Hanno personalità diverse. Lei è
molto dinamica. Lui invece è più lento, ama cucinare e stare a casa o
camminare per il centro della città con il suo cane.

– Ho proprio voglia di una buona tagliata fiorentina così festeggiamo
il mio ritorno a Firenze. – dice Laura.
– Allora puoi aiutarmi a cercare il ladro. Anche oggi hanno rubato
una scarpa in un negozio vicino al Mercato di San Lorenzo.
– In quale negozio?
– Nel negozio di Alice Sarpi. Lo conosci?
– Certo. Io compro sempre lì. Ha ottimi prezzi. Se vuoi posso farle
qualche domanda. – chiede Laura.
– Va bene! Allora, se sai qualcosa chiamami. – dice Mario.

La sera Tentenna torna a casa presto. Vuole riposarsi ed ascoltare un po'
di musica. Sulla porta di casa c'è Dodo che lo aspetta felice. Tentenna
entra e accende la radio. C'è una vecchia canzone che gli ricorda gli anni
dell'università e il primo incontro con Laura.
Allora decide di cucinare qualcosa. Mentre sta preparando la pasta,
suona il telefono. È ancora Laura.

– Ciao Mario, accendi subito la tv. Senti cosa dicono al telegiornale!

Tentenna spegne le radio e accende la televisione:

---

note ◄

principe azzurro • uomo
dei sogni *Sono davvero
felice! Finalmente Franca
ha trovato il suo principe
azzurro!*

tagliata fiorentina •
tipica bistecca toscana

festeggiamo (inf. festeggiare)
• facciamo festa, celebriamo
*Oggi festeggiamo tutti insieme
il compleanno di mia madre.*

ED ORA UNA NOTIZIA APPENA ARRIVATA: DUE STRANI FURTI A FIRENZE IN QUESTI GIORNI. UN LADRO DI SCARPE GIRA PER LA CITTÀ CON UNA SCARPA SOLA, QUELLA SINISTRA. IERI MATTINA IL LADRO HA RUBATO UNA SCARPA NEL FAMOSO NEGOZIO "CALZATURE TACCHI" SUL PONTE VECCHIO E OGGI NE HA RUBATA UN'ALTRA NEL MERCATO DI SAN LORENZO. LA POLIZIA NON HA ANCORA LE IDEE CHIARE E I NEGOZIANTI SONO PREOCCUPATI.

"Adesso che la notizia è pubblica devo trovare subito il ladro." pensa Tentenna.

 fai gli ESERCIZI
vai a pagina 55

Il giorno dopo Tentenna si sveglia presto. Mentre prepara il caffè, vede Dodo che gioca con la vecchia scarpa. Tentenna la prende e la guarda. È una scarpa nera, destra. Dodo è allegro e vuole uscire a camminare. Allora Tentenna ha un'idea. Esce e va verso il centro. Quando arriva sul Ponte Vecchio, vicino al negozio di Tacchi, lascia libero Dodo. Il cane comincia a correre. Tentenna cammina dietro di lui. Dopo un po' arrivano nel quartiere di Santo Spirito. Qui Dodo si ferma e abbaia. Ha trovato qualcosa. C'è una grande scatola per terra. La scatola è mezza aperta e dentro ci sono molte scarpe vecchie. Sono tutte scarpe destre. Il cane ne prende una. È contento. A Dodo piace giocare con le scarpe. Vicino alla scatola c'è la porta di un vecchio laboratorio di scarpe: "Laboratorio di scarpe Ghini". Tentenna prova ad aprire la porta, ma il laboratorio è chiuso. Non c'è nessuno. Allora il Commissario decide di tornare a casa. Quando arriva a piazza della Signoria si ferma a guardare la statua del David di Michelangelo e pensa ai souvenir che ha trovato nei negozi di scarpe.
"Forse Tacchi sa qualcosa che non mi ha detto." pensa Tentenna.
Così va al bar Guelfi per mangiare qualcosa e telefonare in ufficio.

– Potete chiamare il signor Tacchi? Vorrei fargli alcune domande.
– Subito Commissario. – risponde il poliziotto.

Quando Tentenna arriva al Commissariato di polizia, Tacchi è già lì. Sta fumando nervosamente.

– Buongiorno Commissario. Ci sono notizie? – domanda.
– Buongiorno signor Tacchi. Non ancora. Ma vorrei farle alcune domande, se possibile.
– Certo! Mi dica.
– Ha mai avuto furti in passato, signor Tacchi?
– Sì, è successo una volta. Ho avuto un problema con una persona che lavorava nel mio negozio. Ora non lavora più da me, ha aperto un suo negozio nel quartiere di San Lorenzo.

– Sta parlando di Alice Sarpi?

– Sì, è lei. Quella donna è una ladra.

– Cosa vuol dire, signor Tacchi?

– Secondo me la ladra di scarpe è lei.

– Sta dicendo che il ladro di scarpe che ha rubato nel suo negozio in realtà è una ladra e che si chiama Alice Sarpi?

– Sì, esatto. Alice Sarpi ha lavorato nel mio negozio per molti anni. Poi ho scoperto che rubava le scarpe e le rivendeva a prezzi più bassi. Allora l'ho licenziata. Lei ha aperto un suo negozio nel quartiere di San Lorenzo dove vende scarpe a poco prezzo. Ma ora ha ricominciato a rubare le mie scarpe. Quella donna è sempre stata invidiosa del mio successo.

– Ma anche nel negozio di Alice Sarpi c'è stato un furto. Come lo spiega?

– Commissario, io non devo spiegare niente. Non sono un poliziotto. So solo che quella donna è una ladra.

– Va bene. Un'altra domanda, signor Tacchi. Conosce il laboratorio di scarpe Ghini?

– Certo! Una volta compravo le scarpe in quel laboratorio. Erano le migliori. Ma ora Ghini non lavora più e il laboratorio ha chiuso.

– La ringrazio signor Tacchi. Se ci sono novità, La chiameremo. – conclude Tentenna.

Tentenna rimane da solo. Questa storia dei furti di scarpe è sempre più strana. Chi non ha detto la verità? Il signor Tacchi o la signora Sarpi? Tacchi dice che Sarpi è una ladra. Ma anche Tacchi sembra non dire tutta la verità. Tentenna è preoccupato, la soluzione del mistero non sembra vicina. In quel momento Laura entra nell'ufficio.

– Laura, cosa fai qui? – domanda Tentenna.

– Passavo di qui e ho pensato di venire a salutarti. Disturbo?

▶ note ───

ho scoperto (inf. scoprire) • ho capito, ho avuto informazioni *La polizia ha scoperto la verità sul furto al museo.*

l'ho licenziata (inf. licenziare) • l'ho mandata via dal posto di lavoro *L'ho licenziata perchè non lavora bene.*

invidiosa • gelosa *Maria è invidiosa di Luigi perchè lui è ricco e lei no!*

– No, no, mi fa piacere vederti. Siediti.

– Grazie. Cosa ti ha detto Tacchi?

– Ha detto che conosce Alice Sarpi e che è stata lei a rubare la scarpa sinistra perché è invidiosa del suo successo. – spiega Tentenna.

– Ma allora, chi ha rubato la scarpa nel negozio della signora Sarpi?

– Infatti! C'è qualcosa di poco chiaro in questa storia.

– Se vuoi io ho alcune informazioni sulla signora Sarpi. Ti interessa? – domanda Laura.

Tentenna sorride. Laura è un'ottima collaboratrice.

– La Signora Sarpi ha lavorato anche in un laboratorio artigianale molto conosciuto a Firenze, quello del signor Ghini. Ed è stata lei a presentare Ghini a Tacchi. – spiega Laura.

– Infatti Tacchi mi ha detto che lui in passato comprava le sue scarpe da Ghini. Ma ora Ghini non lavora più. Oggi sono stato al suo vecchio laboratorio ed era chiuso. – dice Mario.

– Che storia complicata! – dice Laura. – Ma va bene così: lo sai che a me le storie semplici non piacciono. Ora ti saluto, mio caro detective, ci vediamo.

Tentenna sorride mentre Laura esce dal suo ufficio. È proprio una bella donna. Un po' misteriosa come piace a lui.

fai gli ESERCIZI
vai a pagina 56

collaboratrice • assistente *Federica mi ha aiutato molto per questo lavoro. È un'ottima collaboratrice.*

Capitolo 9

– Commissario, un'altra telefonata da un negozio di scarpe del
centro. – dice un poliziotto.
– Ancora? Dove?
– Hanno chiamato da via de' Tornabuoni al numero 47. C'è stato un
furto.

"Questa storia deve finire al più presto." pensa Tentenna.
Poi si mette la giacca per uscire. Cammina per il Lungarno e gira a
destra. Via de' Tornabuoni è una via molto elegante della città. Ci sono i
negozi di Prada, Tiffany, Gucci e molti altri negozi esclusivi.
"Ecco il numero 47: *Cuoieria Artigianale il Coccodrillo*." legge Tentenna.

Sulla porta c'è un signore molto elegante. Ha una camicia bianca e una
giacca nera.

– Lei è il Commissario Tentenna? Piacere, sono Lorenzo Prati.
– Piacere. Hanno rubato una scarpa, vero? – domanda Tentenna.
– Esatto.
– Mi può raccontare come è successo?
– Quando è successo io non c'ero. In negozio c'era Antonio, il
commesso. Lui può raccontarLe tutto.

Antonio è un ragazzo magro, anche lui molto elegante:

– Alcune ore fa, verso le 11.30, è entrato un gruppo di turisti. Mi
hanno chiesto di provare alcuni modelli. Ero solo e c'era molta
confusione. Poi è entrato un signore e mi ha detto che voleva provare
il numero 43 di questo modello artigianale. Gli ho dato le scarpe e poi
sono andato in magazzino a prendere i modelli per i turisti. Quando
sono tornato l'uomo non c'era più. Ma ha lasciato la scatola per terra.

▸ note

commesso • persona che assiste i clienti, venditore *Andrea ha trovato lavoro: fa il*
commesso in un supermercato.

Cuoieria Artigianale
il Coccodrillo

Il ragazzo prende la scatola e la mostra a Tentenna.

– Ecco, c'è solo la scarpa destra. – dice il ragazzo.

Tentenna prende in mano la scarpa che il ladro non ha rubato. È una scarpa di pelle nera, molto elegante, numero 43. *Made in India.*

– Non è *Made in Italy.* – dice Tentenna.
– Qui vendiamo prodotti importati da tutto il mondo. Ma sono artigianali. – spiega il signor Prati.

Tentenna si guarda intorno. *Il Coccodrillo* è un bel negozio, molto diverso dal negozio della signora Sarpi. Qui nessuna scatola di scarpe è fuori posto. Tutto è perfetto.

– Com'era questo signore? – domanda Tentenna ad Antonio.
– Non l'ho visto bene, c'era molta gente nel negozio. Mi ricordo solo che era un uomo di circa sessant'anni. Con gli occhiali neri ed un bastone. – risponde il ragazzo.

"Un uomo con un bastone. Questo mi ricorda qualcosa." pensa Tentenna.
Il Commissario prende dalla tasca il pezzo di plastica nera che ha trovato nel negozio del signor Tacchi. Lo guarda. Poi pensa:
"Ora capisco cos'è questo pezzo: è la parte finale di un bastone. Il ladro usa un bastone e ha perso la parte finale nel negozio del signor Tacchi."

fai gli ESERCIZI
vai a pagina 57

 ▸ note ─────────────────────────────────

pelle • cuoio *Le borse di pelle sono più care delle borse di plastica.*

bastone

Capitolo 10

– E quella cos'è? – domanda Tentenna.

Per terra, vicino a una sedia, c'è una scarpa.

– È la scarpa che il signore si è tolto quando ha provato il nuovo modello. L'ha lasciata qui. – dice Antonio, il commesso.

Tentenna prende la scarpa che il ladro ha dimenticato. È una scarpa sinistra. Gli sembra di riconoscerla: sembra uguale a quella che ha trovato Dodo. Anche questa è una scarpa fatta a mano. Sotto il tacco c'è una scritta:

Laboratorio Artigianale Ghini, Firenze

– Le scarpe del Laboratorio Artigianale Ghini sono molto famose a Firenze. Anche noi prima le vendevamo. – dice il signor Prati.
– E poi cos'è successo? – domanda Tentenna.
– Gli affari sono affari, Commissario. I prodotti artigianali italiani sono molto cari. Per noi è più economico comprare le scarpe in India, Cina...
– Capisco. – dice Tentenna.

A Tentenna il signor Prati non piace. Sicuramente è un uomo molto ricco. Ma compra scarpe a prezzi economici e le rivende a prezzi altissimi.
Nel negozio ci sono alcuni quadri con le piazze toscane più famose. Un quadro di piazza della Signoria con il David, un quadro della piazza del Campo di Siena, un quadro con la piazza dei Miracoli di Pisa.

– Noi fiorentini abbiamo buon gusto! – dice il signor Prati.

---

note ◄

si è tolto (inf. togliersi) • si è levato, si è sfilato *Quando è tornato a casa, Paolo si è tolto le scarpe.*

Ma Tentenna non lo ascolta e comincia a scrivere sul suo bloc-notes:

Ora del furto: 11.30. Oggetto del furto: una scarpa sinistra di pelle, da uomo, numero 43. Luogo del furto: "Il Coccodrillo" in via de' Tornabuoni, Firenze. Il ladro si è tolto la sua scarpa sinistra ed è andato via con la scarpa nuova. Questa volta non ha lasciato nessun souvenir. Il commesso del negozio dice che era un uomo con un bastone e un paio di occhiali neri.

– E ora, cosa faccio? – domanda Prati. – La televisione dice che non avete le idee chiare su questi furti.

– La televisione dice molte cose. – risponde nervoso il Commissario.

Poi prende la scarpa dimenticata dal ladro dalle mani del signor Prati.

– Questa la prendo io. – dice Tentenna. – Ora devo andare. Arrivederci Signor Prati.

Appena fuori dal negozio, il Commissario chiama Laura.

– Ciao Laura, come va?

– Ciao Mario, in tutti questi anni non ci siamo mai visti e ora in una settimana parliamo quasi tutti i giorni. Forse ti sei innamorato di me? – scherza Laura.

Mario sorride. Laura ha sempre la parola giusta. Mario le racconta l'ultimo furto nel negozio *Il Coccodrillo*. Finalmente ha una scarpa del ladro. E sa che il ladro usa un bastone.

– Un uomo con un bastone e con una scarpa sola, non può andare lontano.– dice Laura.

– Se le mie teorie sono giuste, manca solo qualche informazione. Sei sempre interessata a quella cena?

– Certo! Cosa devo fare?

– Forse è arrivato il momento di parlare con il signor Ghini. Secondo me lui può dirci delle cose interessanti. Perché non vai dalla signora Sarpi e le chiedi qualche altra informazione su di lui? Per esempio: dove abita.

– D'accordo mio caro detective, farò quello che dici! Vieni domani al
bar Guelfi per un aperitivo e ti dirò quello che ho saputo.
– Benissimo. A domani. – dice Tentenna sorridente.

Poi cammina verso casa dove Dodo lo aspetta felice.
"Questi sono i momenti belli della vita." pensa Tentenna.

fai gli ESERCIZI
vai a pagina 58

Il giorno dopo verso mezzogiorno Tentenna esce di casa con il suo cane Dodo per andare al bar Guelfi. È domenica e la città è piena di turisti. Quando il Commissario arriva, Laura è già lì.

– Buongiorno detective, come va?
– Bene, grazie. Che cosa prendi?
– Un prosecco.
– Ok. Gino, portaci due prosecchi.
– Subito Commissario. E come aperitivo, vi porto anche un po' di olive e patatine.
– Grazie Gino. – dice Tentenna. – Allora, sei riuscita ad avere alcune informazioni sul signor Ghini?
– Sì. La Sarpi dice che Ghini qualche anno fa ha avuto un incidente e ha dovuto chiudere il laboratorio di scarpe. Lei non sa dove abita, ma dice che lo possiamo trovare al mercato artigianale nel quartiere di Santo Spirito. – dice Laura.
– Ottimo lavoro Sherlock Holmes! Allora, se sei libera possiamo andare al mercato artigianale a Santo Spirito. Ti va?
– Elementare, Watson!

Tentenna e Laura bevono il prosecco e poi insieme a Dodo attraversano la città verso il quartiere di Santo Spirito.
In piazza Santo Spirito ogni domenica c'è il mercatino artigianale e in tutto il quartiere ci sono molti laboratori di artigiani che lavorano il legno, la pelle, i gioielli. La piazza è piena di turisti che comprano prodotti artigianali. Ad un certo punto Tentenna vede una piccola vetrina con alcuni souvenir. Ci sono statue del David, della Torre di Pisa,

▶ note

prosecco • vino bianco frizzante, spumante – *Che vino ci consiglia con il dolce? – Un buon prosecco è perfetto!*
incidente • infortunio, disgrazia *Ha avuto un incidente in macchina, ma per fortuna non si è fatto male.*

del Colosseo. Dodo abbaia. Sembra riconoscere qualcosa. Mario e Laura aprono la porta.

- Il cane non può entrare. – dice una voce.
- Lei è il signor Romolo Ghini? – domanda Tentenna.
- Sì, sono io. – dice un vecchio signore seduto dietro a un tavolo.
- Ho due cose che sono Sue. – dice il Commissario.

Tentenna apre la borsa: prende il pezzo di plastica che ha trovato nel negozio del signor Tacchi e la scarpa che ha trovato nel negozio del signor Prati.
Il signor Romolo Ghini si alza dalla sedia. Ha un bastone in mano. Con molta sorpresa Mario e Laura vedono che ha solo una gamba, quella sinistra. Al posto della gamba destra ha una protesi.

fai gli ESERCIZI
vai a pagina 59

protesi • parte artificiale *Flavio non ha più il braccio sinistro, al suo posto porta una protesi.*

Capitolo 12

– Questo pezzo di plastica non è mio. – dice il signor Ghini.

– E la scarpa? È Sua? – domanda il Commissario.

– No, neanche la scarpa è mia. – risponde Ghini.

– Ha sentito la storia dei furti di scarpe? Tutti i telegiornali hanno dato la notizia.

– No. Non guardo la televisione.

– Ma tutti a Firenze sanno cosa è successo...

– Tutti? Io no.

In quel momento un gruppo di turisti entra nel negozio.

– Scusi, quanto costa la statua del David? – domanda una donna.

– Quella piccola costa 10 euro, quella grande costa 25 euro.

– Ha qualcosa di meno costoso?

– No! – risponde nervosamente Ghini.

Poi va verso la porta del negozio e la apre.

– Se volete qualcosa di meno costoso andate in un altro negozio. Questa è l'uscita. – dice ai turisti.

I turisti escono senza salutare. Ghini richiude la porta.

– Da quanto tempo ha aperto questo negozio? – domanda Laura.

– Cosa volete ancora da me? – risponde il signor Ghini.

– Vogliamo solo parlare con Lei. – dice Laura con un sorriso.

– Io non ho niente da dire.

Tentenna e Laura si guardano. Capiscono che parlare con quell'uomo non è facile.

---

note ◄

costoso • caro, il contrario di "economico" *Per andare in aeroporto prendo l'autobus. Il taxi è troppo costoso.*

Poi Tentenna prende in mano il pezzo di plastica e domanda:

– Signor Ghini, posso vedere il Suo bastone?
– È un normale bastone... Non ha niente di speciale.
– Sì, ma non ha la parte finale. È sicuro che questo pezzo di plastica non è Suo?

Ghini guarda il bastone. Non risponde. Poi prende il pezzo di plastica e con molta calma torna a sedersi dietro il tavolo.

– Ho bisogno di bere un po' d'acqua. – dice.

Ghini prende una bottiglia e un bicchiere. Lentamente beve un po' d'acqua. Sembra più calmo.

– Ora possiamo parlare. – dice.

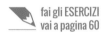

fai gli ESERCIZI
vai a pagina 60

traccia 13

– Sì. Questo è un pezzo del mio bastone. – dice Ghini – Anche la scarpa è mia, l'ho dimenticata in un negozio.
– È la scarpa di un ladro. – spiega il Commissario.
– No. È la scarpa di un vero artigiano di scarpe. Questa l'ho fatta io. Io ho fatto le migliori scarpe del mondo. Anche il principe d'Inghilterra ha comprato le mie scarpe!
– E perché un artigiano come Lei ruba scarpe sinistre nei negozi della città?
– Non capisce Commissario? Non vede la mia situazione? Ora per vivere devo vendere souvenir a poco prezzo. Dopo l'incidente...

Ghini non finisce la sua frase. I suoi occhi sono pieni di lacrime.

– ... ha dovuto chiudere il laboratorio artigianale. – continua il Commissario.
– Sì, da quando ho perso la gamba non sono più riuscito a lavorare. E poi con la crisi economica è diventato molto difficile lavorare per un artigiano. I prodotti fatti a mano costano troppo. Lei non sa quanti artigiani hanno perso il lavoro. La gente preferisce scarpe economiche come quelle che vende Alice Sarpi o scarpe importate da altri Paesi come quelle del *Coccodrillo*.
– Così ha deciso di rubare le scarpe nei loro negozi.
– Sì, perché quei negozianti hanno ucciso l'artigianato italiano.
– Ma perché ha rubato una scarpa anche nel negozio di Tacchi? Lui vende scarpe artigianali *Made in Italy*.
– Non è vero Commissario. In realtà anche lui compra le scarpe a poco prezzo in Cina e in India e poi le rivende con la scritta *Made in Italy*. Quella scritta è falsa, quelle scarpe non sono italiane.
– È sicuro di quello che dice?

---

note ◂

lacrime

– Certo Commissario. Guardi qui: questa è una scarpa del negozio del Signor Tacchi. Cosa c'è scritto?
– *Made in Italy.*
– Esatto. Ora io tolgo la scritta con un coltello. Cosa può leggere sotto?

Ghini prende un coltello e cancella la scritta *Made in Italy*. Sotto appare la scritta *Made in China*.

– Mario, il signor Ghini ha ragione: Tacchi è un truffatore! – dice Laura.

Tentenna guarda il signor Ghini: è un uomo vecchio, triste, arrabbiato. Poi il Commissario si ricorda della scatola piena di scarpe destre trovata da Dodo, il suo cane. A Ghini manca proprio la gamba destra.

– Quando ho dovuto chiudere il laboratorio, avevo tante scarpe che nessuno voleva più. Così ho deciso di tenere per me solo le scarpe sinistre e di buttare quelle destre. – spiega Ghini, con le lacrime agli occhi.

Ora è tutto chiaro, ma c'è ancora una cosa che Tentenna vuole sapere.

– Perché ha lasciato dei souvenir al posto delle scarpe rubate, signor Ghini?
– Non capisce? Gli artigiani sono grandi artisti e le loro opere hanno un grande valore, come le opere d'arte. Anche Michelangelo era un artigiano. Ma la gente dimentica il passato: vuole prodotti di alta qualità e li vuole pagare pochissimo. I souvenir che ho lasciato nei negozi sono un ricordo. La gente deve ricordare che gli artigiani sono degli artisti!

Tentenna ascolta le parole di Ghini con grande attenzione e rispetto.

▸ note

coltello   cancella (inf. cancellare) • pulisce, toglie *Avete finito di copiare? Posso cancellare la lavagna?*
truffatore • imbroglione, criminale *Quel gioielliere è un truffatore! Vende gioielli rubati.*

buttare • gettare via *Questa radio non funziona. La dovrei buttare ma è un regalo.*

Quello che dice quest'uomo vecchio e triste è molto più importante di una scarpa rubata. Gli occhi del Commissario incontrano quelli di Laura. Anche lei è commossa.

– Ecco la sua scarpa sinistra, signor Ghini. – dice il Commissario.
– E ora cosa dirà ai giornalisti?
– Per una scarpa non è mai morto nessuno. – dice Tentenna. – Può stare tranquillo, signor Ghini, non dirò niente: ma da oggi niente più furti nei negozi? D'accordo?
– D'accordo Commissario. La mia protesta è finita. Grazie. Lei è una brava persona.
– Anche Lei è una brava persona, signor Ghini. Buona fortuna.

Mario e Laura salutano Ghini ed escono dal negozio. Fuori Dodo li sta aspettando. Il vecchio artigiano guarda uscire i due. Poi lentamente chiude la porta del piccolo negozio e torna a sedersi dietro al tavolo.

fai gli ESERCIZI
vai a pagina 61

---

commossa • emozionata, impressionata *Al mio matrimonio mia madre era commossa.*
protesta • lotta, contestazione *La protesta dei lavoratori ha bloccato la strada.*

Epilogo

– Sei pronto, Mario? – domanda Laura al citofono.
– Eccomi, ora scendo.

Tentenna esce dal portone con Dodo. Laura è in macchina che lo aspetta.

– Ciao detective. È ancora valido l'invito?
– Certo!
– Allora andiamo a San Gimignano. Conosco una trattoria dove fanno la carne più buona di tutta la Toscana!

In macchina Mario racconta a Laura quello che è successo dopo l'incontro con Ghini. Il giorno dopo il Commissario è andato da Tacchi con due poliziotti. All'inizio Tacchi ha negato di comprare scarpe da altri Paesi e di venderle con la scritta *Made in Italy*, ma poi ha confessato tutto. Ora è in prigione.

– Complimenti detective. Sei stato veramente bravo.
– Complimenti anche a te, Laura. Il tuo aiuto è stato importantissimo.

Quella sera Mario e Laura ricordano come si sono conosciuti, tanti anni fa. Ricordano gli anni dell'università e parlano anche di quel bacio... Ora sembra tutto così lontano, ma anche molto vicino... Ridono, stanno bene insieme. Mario pensa che Laura è proprio bella e che le cose con lei vanno meglio. Dodo intanto dorme sotto il tavolo del ristorante. Tutto è molto romantico.

– Facciamo un brindisi? – domanda Mario.

▶ note

citofono

ha negato (inf. negare) • ha detto di no *Gigi ha negato di essere ricco.*
ha confessato (inf. confessare) • ha ammesso *La polizia ha detto che il ladro ha confessato.*

prigione

– Per che cosa vuoi brindare, Commissario Tentenna? – risponde Laura.

– Oggi ho imparato che con una gamba sola non si va molto lontano. Ti va se camminiamo insieme per i prossimi anni?

Laura non crede alle sue orecchie. Erano anni che aspettava questo momento. Ora si sente pronta per ricominciare.

FINE

 fai gli ESERCIZI
vai a pagina 62

Duomo e Battistero

Ogni visita di Firenze inizia da qui. Il Duomo del Brunelleschi (con il campanile di Giotto) è la costruzione più alta di tutta la città e il Battistero è uno degli edifici più antichi. Siamo nel cuore di Firenze, in pieno Rinascimento.

Palazzo Vecchio e piazza della Signoria

In piazza della Signoria c'è questo bellissimo palazzo. Qui si trovava il governo della città. All'ingresso di Palazzo Vecchio potete ammirare la copia del David di Michelangelo (l'originale si trova nella Galleria dell'Accademia).

Ponte Vecchio

È il ponte sul fiume Arno più bello di Firenze e uno dei più fotografati al mondo. All'inizio sul ponte c'erano le botteghe dei verdurai e dei macellai. Oggi invece è uno dei luoghi più eleganti della città, con le sue botteghe di orafi e artigiani.

SCHEDA CULTURALE

Sapevate che, durante la seconda guerra mondiale, Hitler ha evitato di bombardare Ponte Vecchio per la sua bellezza?

Gli Uffizi

È una delle gallerie d'arte più famose al mondo: contiene capolavori di ogni secolo. Il percorso comincia con Giotto e Cimabue, continua con i capolavori di Caravaggio, Raffaello, Tiziano e poi con Botticelli, Leonardo, Signorelli, Perugino e poi e poi e poi... Un consiglio: mettete un paio di scarpe comode!

E se avete fame?

La cucina tipica di Firenze è famosa per molti ingredienti semplici e gustosi come il pane, l'olio e le verdure. Ma la bistecca alla fiorentina resta la regina della tavola (non può pesare meno di 1 chilogrammo e deve essere al sangue!). Ovviamente con la bistecca potete bere un bicchiere di vino rosso toscano: Chianti, Brunello e Montepulciano.

1 • Vero o falso?

	V	F
a. Il Commissario Tentenna non esce mai tardi la mattina.	☐	☐
b. Mario e Laura si conoscono da pochi giorni.	☐	☐
c. Laura vive a Roma e lavora a Firenze.	☐	☐
d. Mario non ama fare le cose velocemente.	☐	☐
e. Mentre fa colazione Mario riceve una telefonata.	☐	☐

2 • Completa i testi con le parole della lista.

polizia	donna	anni	capelli

giacca	amici	cravatta

Mario Tentenna

Tentenna è un Commissario di _____. Ha cinquant'_____ e qualche capello bianco. Gli piace vestirsi bene, con una bella _____ elegante e una _____.

Laura Conti

Laura è una bella _____. Ha i _____ neri e lunghi. Il Commissario è contento di vederla. Una volta erano molto _____. Ora Laura vive e lavora a Roma.

3 • Sottolinea la parola corretta.

Al Commissario Tentenna non **piace/piaci/piacciono** fare le cose in fretta. E poi **ci sono/è/c'è** Laura: il Commissario **piacerebbe/vorrebbe/sarebbe** bere con calma il cappuccino e parlare un po' con lei. Ma questa mattina non **ha/fa/è** possibile.

Tentenna **esce/usce/esco** dal bar Guelfi. **Ha stato/È/È stato** bello incontrare Laura. Mentre **camminano/cammino/cammina** verso il Ponte Vecchio, il Commissario ricorda il passato: Laura **era/è stata/è** sempre bellissima, come tanti anni fa.

✒ ESERCIZI / Capitolo 2

1 • Scegli la frase giusta.

1. Sul Ponte Vecchio
   - ☐ a. è possibile comprare scarpe fatte a mano.
   - ☐ b. non è possibile comprare scarpe fatte a mano.

2. Il Signor Tacchi
   - ☐ a. sembra nervoso.
   - ☐ b. è tranquillo.

3. Quando è entrato il gruppo di turisti il signor Tacchi
   - ☐ a. era felice.
   - ☐ b. era arrabbiato.

4. Dentro la scatola c'è una statuina e
   - ☐ a. una scarpa destra.
   - ☐ b. una scarpa sinistra.

2 • Completa il testo con il passato prossimo dei verbi.

– Appena (*io - aprire*) _____ il negozio, (*entrare*) _____ un gruppo di turisti. Io ero molto contento e (*io - cominciare*) _____ a mostrare alcuni modelli di scarpe.

– E quando (*Lei - accorgersi*) _____ del furto?

– Non subito. I turisti (*rimanere*) _____ circa mezz'ora nel negozio. Ma nessuno di loro (*comprare*) _____ niente. Solo dopo che i turisti (*uscire*) _____ , (*io - vedere*)_____ che mancava una scarpa.

1 • Vero o falso?

	V	F
a. Nella vetrina del negozio del signor Tacchi ci sono molte scarpe.	☐	☐
b. Il furto è successo nel pomeriggio.	☐	☐
c. Il signor Tacchi realizza le scarpe a mano.	☐	☐
d. Al posto della scarpa c'è un souvenir da pochi euro.	☐	☐
e. Mentre scrive, il Commissario vede che sul tappeto c'è qualcosa.	☐	☐

2 • Completa il testo con il passato prossimo o l'imperfetto dei verbi.

Il signor Ugo Tacchi dice che qualcuno (*rubare*) _____ una scarpa sinistra nera, da uomo, numero 43, nel suo negozio di scarpe. Il furto (*succedere*) _____ questa mattina, verso le ore 9. In quel momento nel negozio (*esserci*) _____ molti turisti. Il signor Tacchi non (*accorgersi*) _____ subito del furto. Quando i turisti (*uscire*) _____ dal negozio, il signor Tacchi _____ (*vedere*) che in una scatola (*mancare*) _____ una scarpa e al suo posto (*esserci*) _____ una statuina del David di Michelangelo. Qualcuno (*lasciare*) _____ questa statuina nella scatola. Forse (*essere*) _____ un turista. Forse il ladro.

3 • Metti in ordine il dialogo.

☐ a. No, io vendo le scarpe, ma non le produco.

☐ b. Ottocento euro.

☐ c. E le vende a un prezzo molto alto, immagino. Quanto costa questo paio di mocassini?

☐ d. Signor Tacchi, Lei è un artigiano?

1 • Scegli la frase giusta.

1. Laura sta aspettando Mario
   - ☐ a. per l'aperitivo.
   - ☐ b. per la cena.

2. Laura
   - ☐ a. conosce il negozio del signor Tacchi.
   - ☐ b. non conosce il negozio del signor Tacchi.

3. Mario e Laura
   - ☐ a. sono single.
   - ☐ b. sono sposati.

4. Mario vive
   - ☐ a. da solo.
   - ☐ b. con un cane.

2 • Sottolinea la parola corretta.

a. – Sai, **quel/questa/quella** mattina c'è stato un furto nel negozio del signor Tacchi, **quel/questo/quello** su Ponte Vecchio. Lo conosci?
   – Certo, lo conoscono tutti qui a Firenze. Non compro mai in **quello/questo/quel** negozio. Vende scarpe artigianali e per **quello/questo/questi** i prezzi sono altissimi.

b. – Sì, buona idea. Vino e bruschette anche per me. Ho comprato **questi/quello/questo** paio di scarpe. Ti piacciono?

✎ L'aperitivo

L'aperitivo è una bevanda alcolica o analcolica che si beve prima del pranzo o della cena. Di solito si prende insieme a qualcosa da mangiare. È un rito molto diffuso in Italia, come momento di incontro tra amici.

1 • Scegli la frase giusta.

1. Il telefono del Commissario
suona
☐ a. verso le nove di mattina.
☐ b. verso le nove di sera.

2. Dodo
☐ a. va a passeggiare con Mario.
☐ b. resta a casa.

3. Tentenna fa colazione
☐ a. a casa.
☐ b. al bar.

4. Oggi piove
☐ a. e il mercato è deserto.
☐ b. ma il mercato è pieno di turisti.

2 • Completa il testo con il presente dei verbi.

Tentenna (*bere*) _____ il cappuccino velocemente ed (*uscire*) _____ dal bar mangiando il cornetto. (*Camminare*) _____ verso il mercato di San Lorenzo. (*Attraversare*) _____ piazza della Signoria, nel centro di Firenze, e da lì (*arrivare*) _____ nel quartiere di San Lorenzo, famoso per il suo mercato. In questa zona (*esserci*) _____ tantissimi negozi di prodotti artigianali, borse, scarpe, vestiti. Oggi è giorno di mercato. (*Piovere*) _____. (*Esserci*) _____ molta gente che (*camminare*) _____ con gli ombrelli aperti. Ad un certo punto Tentenna (*sentire*) _____ che qualcuno lo (*chiamare*) _____.

3 • Completa le frasi e trova le parole nel cruciverba. Poi collega le lettere rimanenti e scopri la soluzione.

a. Nelle vetrine si vedono _____ che dicono "*Made in Italy*".

b. Piove. C'è molta gente che cammina con gli _____ aperti.

c. Lei ha chiamato per un _____? Cos'hanno rubato?

d. Ciao Gino, oggi vado un po' di _____.

e. Quando Tentenna entra, vede subito molte scatole per terra. Sono tutte _____. Un vero _____.

f. È un negozio come tanti, con molte _____ in vetrina: scarpe da uomo, scarpe da donna, _____, _____.

g. In questa _____ ci sono tantissimi negozi di prodotti artigianali.

P	E	F	L	Z	L	E	O	T	C
F	U	R	T	O	T	E	M	E	A
R	I	E	A	N	A	L	B	M	R
A	R	T	P	A	T	E	R	I	T
G	I	T	E	A	N	G	E	A	E
S	C	A	R	P	E	A	L	L	L
E	A	R	T	F	I	N	L	O	L
R	O	E	E	N	T	T	I	I	I
N	S	P	O	R	T	I	V	E	A

Il negozio della signora Sarpi si chiama:

__ __ __ __ __ __ __ - __ __ __ __ __ __ __ - __ __ __ __ __ __ __

1 • Vero o falso?

	V	F
a. Alice Sarpi vende scarpe economiche.	☐	☐
b. Mentre mostrava le scarpe ai clienti la signora Sarpi ha visto qualcuno entrare.	☐	☐
c. La signora Sarpi non è riuscita a vedere il ladro.	☐	☐
d. La scarpa rubata è fatta a mano e costa molto.	☐	☐
e. Il Commissario ha dimenticato l'ombrello nel negozio della signora Sarpi.	☐	☐

2 • Sottolinea la parola corretta.

– Come **è succeduto/è successo/ha successo** il furto, signora Sarpi? **Ho visto/Ha visto/È visto** qualcuno? – domanda il Commissario. – Come vede, sono da sola in negozio. Quando **ho aperto/hanno aperto/è aperto**, **sono entrato/hanno entrato/sono entrati** alcuni turisti. **Hanno chieduto/Hanno chiesto/Ho chiesto** di provare alcune scarpe artigianali. Io **ho andata/sono andato/sono andata** a prenderle in magazzino. Le **ho portato/ho portate/abbiamo portate** in negozio e loro **si sono seduti/hanno seduto/hanno seduti** per provarle. Mentre mostravo i modelli artigianali, **sono sentito/ho sentito/ha sentito** qualcuno uscire e chiudere la porta del negozio. – spiega la signora Sarpi.

3 • Metti in ordine il dialogo.

☐ a. Prima vendevo scarpe artigianali, ma adesso vendo solo scarpe economiche.

☐ b. La scarpa che hanno rubato oggi è di un laboratorio artigianale di Firenze che non esiste più.

☐ c. Che tipo di scarpe vende, signora Sarpi?

☐ d. Va bene signora Sarpi. È stata molto gentile!

☐ e. E la scarpa che hanno rubato oggi, chi l'ha fatta?

1 Scegli la frase giusta.

1. Tentenna decide di andare al bar Guelfi
   - a. per pranzo.
   - b. per cena.

2. Tentenna ha capito
   - a. che anche Laura prova qualcosa per lui.
   - b. che Laura ha una relazione con un altro uomo.

3. Laura compra le scarpe nel negozio di Alice Sarpi perché
   - a. ha sempre ottimi prezzi.
   - b. ha sempre ottime scarpe.

4. Adesso che la notizia dei furti di scarpe è pubblica Tentenna deve
   - a. trovare subito il ladro.
   - b. trovare subito la scarpa rubata.

2 Leggi il testo e scegli se le parole date sono sinonimi (S) o contrari (C) delle parole sottolineate.

		S	C
Tentenna sorride. Sente di avere qualche possibilità con Laura,	a. opportunità	☐	☐
anche se è passato molto tempo.	b. poco	☐	☐
Hanno personalità diverse.	c. uguali	☐	☐
Lei è molto dinamica.	d. attiva	☐	☐
Lui invece è più lento, ama cucinare e stare a casa	e. veloce	☐	☐
o camminare per il centro della città con il suo cane.	f. correre	☐	☐

1• Vero o falso?

	V	F
a. Dodo è molto stanco.	☐	☐
b. Dodo trova una scatola piena di scarpe sinistre.	☐	☐
c. Quando Tentenna torna in ufficio, il signor Tacchi è già arrivato.	☐	☐
d. Il signor Tacchi non ha mai conosciuto Alice Sarpi.	☐	☐
e. Laura ha alcune informazioni su Alice Sarpi.	☐	☐

2• Completa il testo con il passato prossimo o l'imperfetto dei verbi.

Alice Sarpi (*lavorare*) _____ nel mio negozio per molti anni. Poi (*io - scoprire*) _____ che (*lei - rubare*) _____ le scarpe e le (*lei - rivendere*) _____ a prezzi più bassi. Allora l' (*io - licenziare*) _____. Lei (*aprire*) _____ un suo negozio nel quartiere di San Lorenzo dove vende scarpe a poco prezzo. Ma ora (*lei - ricominciare*) _____ a rubare le mie scarpe. Quella donna (*essere*) _____ sempre invidiosa del mio successo.

3• Metti in ordine il dialogo.

☐ a. No, no, mi fa piacere vederti. Siediti.

☐ b. Laura, cosa fai qui?

☐ c. Ha detto che conosce Alice Sarpi e che è stata lei a rubare la scarpa sinistra perché è invidiosa del suo successo.

☐ d. Grazie. Cosa ti ha detto Tacchi?

☐ e. Ma allora, chi ha rubato la scarpa nel negozio della signora Sarpi?

☐ f. Passavo di qui e ho pensato di venire a salutarti. Disturbo?

☐ g. Infatti! C'è qualcosa di poco chiaro in questa storia.

1 • Metti in ordine cronologico le frasi.

☐ a. È entrato un signore e gli ha detto che voleva provare un modello artigianale.

☐ b. Quando il commesso è tornato dal magazzino, l'uomo non c'era più.

☐ c. Il Commissario Tentenna riceve un'altra telefonata da un negozio in via de' Tornabuoni.

☐ d. Il ladro ha lasciato una scatola per terra.

☐ e. Antonio ha dato al signore le scarpe e poi è andato in magazzino.

☐ f. Quando è successo il furto in negozio c'era Antonio, il commesso.

2 • Sottolinea la parola corretta.

a. Quando è successo il furto io non **ci sono/ero/c'ero**. In negozio **era/c'era/stava** Antonio, il commesso. Lui può raccontarLe tutto.

b. Alcune ore fa, verso le 11.30, è entrato un gruppo di turisti. Mi hanno chiesto di provare alcuni modelli. **Era/Ero/Eri** solo e **aveva/era/c'era** molta confusione. Poi è entrato un signore e mi ha detto che **voleva/poteva/doveva** provare il numero 43 di questo modello artigianale. Gli ho dato le scarpe e poi sono andato in magazzino a prendere i modelli per i turisti. Quando sono tornato l'uomo non **stava/c'era/era** più. Ma ha lasciato la scatola per terra.

c. – Come **ero/era/c'era** questo signore? – domanda Tentenna ad Antonio.
– Non l'ho visto bene, **aveva/c'era/era** molta gente nel negozio. Mi ricordo solo che **c'era/era/è** un uomo di circa sessant'anni. Con gli occhiali neri ed un bastone. – risponde il ragazzo.

1 • Scegli la frase giusta.

1. Tentenna prende la scarpa
   ☐ a. che il ladro ha rubato.
   ☐ b. che il ladro ha dimenticato.

2. Il signor Prati compra le scarpe
   ☐ a. a prezzi altissimi e le rivende a prezzi economici.
   ☐ b. a prezzi economici e le rivende a prezzi altissimi.

3. Nel negozio del signor Prati ci sono alcuni quadri
   ☐ a. con le piazze toscane più famose.
   ☐ b. con le statue toscane più famose.

4. Tentenna scopre che il ladro usa un bastone
   ☐ a. e un paio di occhiali neri.
   ☐ b. e una scarpa sola.

2 • Completa le frasi con il futuro dei verbi.

a. Il signor Prati (*essere*) _____ sicuramente un uomo molto ricco, ma a Tentenna non piace.

b. Un uomo con un bastone e con una scarpa sola, non (*andare*) _____ molto lontano.

c. Secondo me lui (*potere*) _____ dirci delle cose interessanti.

d. D'accordo mio caro detective, (*io - fare*) _____ quello che dici! Vieni domani al bar Guelfi per un aperitivo e ti (*io - dire*) _____ quello che ho saputo.

3 • Scrivi la lettera corretta.

a. È la scarpa che il signore si è tolt__ quando ha provat__ il nuovo modello. L'ha lasciat__ qui.

b. Ciao Mario, in tutti questi ann__ non ci siamo mai vist__ e ora in una settimana parliamo quasi tutti i giorn__. Forse ti sei innamorat__ di me?

c. Se le mie teorie sono giust__, manca solo qualche informazion__. Sei sempre interessata a quell__ cena?

1 • Vero o falso?

	V	F
a. Laura non è riuscita ad avere alcune informazioni sul signor Ghini.	☐	☐
b. Laura e Mario bevono il prosecco e poi vanno al mercato di San Lorenzo.	☐	☐
c. In piazza Santo Spirito ogni domenica c'è il mercatino artigianale.	☐	☐
d. Dodo non può entrare nel negozio del signor Ghini.	☐	☐
e. Il signor Ghini ha solo la gamba sinistra.	☐	☐

2 • Sottolinea la parola corretta.

a. È domenica e la città **c'è/è/ha** piena di turisti. Quando il Commissario arriva, Laura **è/sei/c'è** già lì.

b. In piazza Santo Spirito ogni domenica **c'è/è/ci sono** il mercatino artigianale e in tutto il quartiere **c'è/ci sono/hanno** molti laboratori di artigiani che lavorano il legno, la pelle, i gioielli.

3 • Completa il testo con le parole della lista.

bastone	borsa	gamba	mano	scarpa	sedia

Tentenna apre la _____ : prende il pezzo di plastica che ha trovato nel negozio del signor Tacchi e la _____ che ha trovato nel negozio del signor Prati.
Il signor Romolo Ghini si alza dalla _____ . Ha un _____ in _____ . Con molta sorpresa Mario e Laura vedono che ha solo una _____ , quella sinistra. Al posto della gamba destra ha una protesi.

1 • Scegli la frase giusta.

1. Il signor Ghini dice
   - ☐ a. che la scarpa non è sua.
   - ☐ b. che la scarpa è sua.

2. Il signor Ghini dice
   - ☐ a. che non legge i giornali.
   - ☐ b. che non guarda la televisione.

3. Il signor Ghini non vuole
   - ☐ a. parlare con nessuno.
   - ☐ b. parlare con i turisti.

4. Il signor Ghini ha bisogno
   - ☐ a. di bere un po' d'acqua.
   - ☐ b. di prendere aria.

2 • Sottolinea la parola corretta.

a. – Cosa volete ancora **da/di/con** me? – risponde il signor Ghini.
– Vogliamo solo parlare **per/su/con** Lei. – dice Laura **con/per/tra** un sorriso.
– Io non ho niente **di/da/per** dire.

b. – È un normale bastone... Non ha niente **da/di/a** speciale.

3 • Leggi il testo e scegli se le parole date sono sinonimi (**S**) o contrari (**C**) della parole sottolineate.

		S	C
Se volete qualcosa di meno <u>costoso</u> andate in un altro negozio.	a. caro	☐	☐
Parlare con Ghini non è <u>facile</u>.	b. difficile	☐	☐
Da quanto tempo ha <u>aperto</u> questo negozio?	c. chiuso	☐	☐
Ghini guarda il bastone. Non risponde. Poi prende il pezzo di plastica e <u>con calma</u> torna a sedersi dietro il tavolo.	d. tranquillamente	☐	☐

1 • Vero o falso?

	V	F
a. Il signor Ghini dice che anche il principe d'Inghilterra ha comprato i suoi souvenir.	☐	☐
b. Tacchi vende solo prodotti italiani.	☐	☐
c. Il signor Ghini ha deciso di buttare le scarpe destre.	☐	☐
d. Tentenna arresta il signor Ghini.	☐	☐

2 • Completa il testo con il presente o il passato prossimo dei verbi.

– Non (*Lei - capire*) _____ Commissario? Non (*Lei - vedere*) _____ la mia situazione? Ora per vivere (*io - dovere*) _____ vendere souvenir a poco prezzo. Dopo l'incidente...

Ghini non (*finire*) _____ la sua frase. I suoi occhi (*essere*) _____ pieni di lacrime .

– ... (*Lei - dovere*) _____ chiudere il laboratorio artigianale. – (*continuare*) _____ il Commissario.
– Sì, da quando (*io - perdere*) _____ la gamba non (*riuscire*) _____ più a lavorare. E poi con la crisi economica (*diventare*) _____ molto difficile lavorare per un artigiano. I prodotti fatti a mano (*costare*) _____ troppo. Lei non (*sapere*) _____ quanti artigiani hanno perso il lavoro.

✎ Michelangelo Buonarroti

È uno dei protagonisti del Rinascimento italiano. Nasce nel 1475 in Toscana e inizia molto giovane a lavorare con gli artigiani della sua città. I suoi capolavori più conosciuti a livello mondiale sono la statua del David che si trova a Firenze, la Pietà e gli affreschi della Cappella Sistina che si trovano in Vaticano.

1• Scegli la frase giusta.

1. Quando Tentenna esce dal portone con Dodo
   ☐ a. Laura è in macchina davanti al portone.
   ☐ Laura non è ancora arrivata.

2. In macchina Mario racconta a Laura
   ☐ a. quello che ha fatto quella mattina mentre la aspettava.
   ☐ b. quello che è successo dopo l'incontro con il signor Ghini.

3. Tacchi
   ☐ a. è fuggito all'estero.
   ☐ b. è andato in prigione.

4. Mario propone a Laura
   ☐ a. di trascorrere insieme il futuro.
   ☐ b. di portare Dodo a Milano.

2• Completa il testo con il presente dei verbi.

Quella sera Mario e Laura (*ricordare*) _____ come si sono conosciuti, tanti anni fa. (*Ricordare*) _____ gli anni dell'università e (*parlare*) _____ anche di quel bacio... Ora (*sembrare*) _____ tutto così lontano, ma anche molto vicino... (*loro - ridere*) _____, (*stare*) _____ bene insieme. Mario (*pensare*) _____ che Laura (*essere*) _____ proprio bella e che le cose con lei (*andare*) _____ meglio. Dodo intanto (*dormire*) _____ sotto il tavolo del ristorante. Tutto (*essere*) _____ molto romantico.

3• Metti in ordine il dialogo.

☐ a. È ancora valido l'invito?
☐ b. Sei pronto, Mario?
☐ c. Certo!
☐ d. Allora andiamo a San Gimignano. Conosco una trattoria dove fanno la carne più buona di tutta la Toscana.
☐ e. Eccomi, ora scendo!

Capitolo 1
1• V: a, d, e; F: b, c • 2• Mario Tentenna: polizia, anni, giacca, cravatta; Laura Conti: donna; capelli, amici • 3• piace, c'è, vorrebbe, è, esce, È stato, cammina, è

Capitolo 2
1• 1/a; 2/a; 3/a; 4/a • 2• ho aperto, è entrato, ho cominciato, si è accorto, sono rimasti, ha comprato, sono usciti, ho visto

Capitolo 3
1• V: d, e; F: a, b, c • 2• ha rubato, è successo, c'erano, si è accorto, sono usciti, ha visto, mancava, c'era, ha lasciato, è stato • 3• 1/d; 2/a; 3/c; 4/b

Capitolo 4
1• 1/a; 2/a; 3/a; 4/b • 2• a. questa, quello, quel, questo; b. questo

Capitolo 5
1• 1/a; 2/b; 3/b; 4/b • 2• beve, esce, Cammina, Attraversa, arriva, ci sono, Piove, C'è, cammina, sente, chiama • 3• a. cartelli; b. ombrelli; c. furto; d. fretta; e. aperte, caos; f. scarpe, eleganti, sportive

Il negozio della signora Sarpi si chiama:
PELLETTERIA ARTIGIANALE FIORENTINA

P	E	F	L	Z	L	E	O	T	C
F	U	R	T	O	T	E	M	E	A
R	I	E	A	N	A	L	B	M	R
A	R	T	P	A	T	E	R	I	T
G	I	T	E	A	N	G	E	A	E
S	C	A	R	P	E	A	L	L	L
E	A	R	T	F	I	N	L	O	L
R	O	E	N	T	T	I	I	I	I
N	S	P	O	R	T	I	V	E	A

Capitolo 6
1• V: a, c, d; F: b, e • 2• è successo, Ha visto, ho aperto, sono entrati, Hanno chiesto, sono andata, ho portate, si sono seduti, ho sentito • 3• 1/c; 2/a; 3/e; 4/b; 5/d

Capitolo 7
1• 1/a; 2/a; 3/a; 4/a • 2• a/S; b/C; c/C; d/S; e/C; f/C

Capitolo 8

1• V: c, e; F: a, b, d • 2• ha lavorato,
ho scoperto, rubava, rivendeva,
ho licenziata, ha aperto, ha
ricominciato, è stata • 3• 1/b; 2/f; 3/a;
4/d; 5/c; 6/e; 7/g

Capitolo 9

1• 1/c; 2/f; 3/a; 4/e; 5/b; 6/d • 2• a.
c'ero, c'era; b. Ero, c'era, voleva, c'era;
c. Com'era, c'era, era

Capitolo 10

1• 1/b; 2/b; 3/a; 4/a • 2• a. sarà; b.
andrà; c. potrà; d. farò, dirò • 3•
a. tolto, provato, lasciata; b. anni,
visti, giorni, innamorato; c. giuste,
informazione, quella

Capitolo 11

1• V: b, c, d, e; F: a • 2• a. è, è; b. c'è, ci
sono • 3• a. sedia; b. gamba; c. borsa;
d. mano; e. bastone; f. scarpa. borsa,
scarpa, sedia, bastone, mano, gamba

Capitolo 12

1• 1/a; 2/b; 3/a; 4/a • 2• a. da, con, con,
da; b. di • 3• a/S; b/C; c/C; d/S

Capitolo 13

1• V: c; F: a, b, d • 2• capisce, vede,
devo, finisce, sono, ha dovuto,
continua, ho perso, sono riuscito, è
diventato, costano, sa

Epilogo

1• 1/a; 2/b; 3/b; 4/a • 2• ricordano,
Ricordano, parlano, sembra, ridono,
stanno, pensa, è, vanno, dorme, è •
3• 1/b; 2/e; 3/a; 4/c; 5/d